CRIANDO FILHOS COMPASSIVOS

CRIANDO FILHOS COMPASSIVOS

HANLEY STANLEY

CONTENTS

Introdução à Parentalidade Compassiva   1

1 Princípio Fundamental 1: Modelagem de Comportament 5

2 Princípio Fundamental 2: Ensinar Empatia e Perspec   8

3 Princípio Fundamental 3: Incentivar Atos de Gentil   12

4 Princípio Fundamental 4: Promover um Ambiente Posi 15

5 Princípio Fundamental 5: Estabelecer Limites e Dis   18

6 O papel da comunicação na parentalidade compassiva   21

7 Cultivando resiliência e autocompaixão em crianças   24

8 Enfrentando desafios e obstáculos na criação de fi   27

9 Celebrando a diversidade e promovendo a inclusão n   30

10 A importância do autocuidado para os pais na criaç   33

Conclusão: Abraçando a Jornada da Parentalidade Co   35

Copyright © 2025 by Hanley Stanley
All rights reserved. No part of this book may be reproduced in any manner whatsoever without written permission except in the case of brief quotations embodied in critical articles and reviews.
First Printing, 2025

Introdução à Parentalidade Compassiva

O que significa ser compassivo? Todos nós podemos reconhecer uma pessoa compassiva quando a vemos. Elas são pacientes quando contamos as mesmas histórias repetidamente. Elas se oferecem para nos ajudar quando temos que nos mudar, ou quando não podemos passear com o cachorro hoje à noite porque estamos nos sentindo mal. Elas estão prontas com um abraço reconfortante quando simplesmente não conseguimos dominar algo que parece vir tão facilmente para todos os outros.

Criar filhos compassivos é mais do que ensiná-los a identificar um sentimento em outra pessoa e reagir a ele. Ser uma família compassiva é respirar a dor do mundo e agir para aliviá-la, um pequeno canto do mundo de cada vez. Pode ser difícil definir exatamente como é uma família compassiva, mas intuitivamente reconhecemos uma quando vemos — ou conhecemos — uma. Famílias compassivas se destacam.

Para mim, esses cinco valores e práticas essenciais de famílias compassivas são o que as tornam tão especiais. Enquanto eu trabalhava, conversava e ria com famílias que pareciam entender toda essa coisa de ser um ser humano completamente decente, essas características também pareciam ser essenciais para seu caráter. Os pais que parecem passar o dia de uma forma muito intencional são assumidamente compassivos. Todos eles definem isso de forma um pouco diferente, mas o comportamento verdadeiro, medido e compassivo é uma meta que ressoa profundamente com todos os tipos de famílias.

Aqui estão os cinco valores fundamentais que acredito serem cruciais para famílias compassivas:

1. Compaixão é um processo de aprendizagem.
2. O verdadeiro comportamento compassivo vem de dentro de nós, não de recompensas externas.
3. Ser pai ou mãe com compaixão pode parecer desafiador, mas é necessário.
4. A parentalidade compassiva é um trabalho relacional pacífico.
5. Tanto adultos quanto crianças precisam acreditar que outras pessoas se importam com seus sentimentos para realmente terem acesso à empatia delas.

Definindo compaixão no contexto da parentalidade

Compaixão é um valor fundamental exemplificado por laços relacionais. Dentro do contexto da parentalidade, a compaixão é conceituada como uma expressão atitudinal e comportamental de bondade amorosa para com uma criança. Ela combina um foco nas emoções e experiências da criança com um desejo de ajudar, uma orientação para entender as experiências da criança e um compromisso em ajudar a criança a lidar e fazer mudanças em seu comportamento.

Compaixão é uma resposta ao sofrimento das crianças, seja angústia, tristeza, medo, raiva ou até mesmo felicidade. Tal resposta às crianças pode ajudar a cultivar valores seguros, confiáveis e gentis, dos quais um potencial de desenvolvimento adicional pode ser colhido. Em um nível existencial profundo, a compaixão capacita uma criança a gerenciar tarefas, encontrar motivação interna, confiar e ser responsiva dentro de uma nova gestalt de mundos internos e externos interpenetrantes.

A parentalidade é fundamental para guiar uma criança para longe de danos e exploração e em direção ao bem-estar físico e psicológico. Os pais modelam valores, fornecem aceitação e criam ativamente as crianças para atingir e manifestar seus potenciais em suas vidas adultas. Pais compassivos tentam entender os sentimentos e perspectivas de seus filhos e são igualmente rápidos em sinalizar seu cuidado.

Nesta seção, os cinco princípios básicos da parentalidade baseados em cuidado compassivo são descritos. Eles incluem os princípios de **Cuidado**, **Clareza**, **Compromisso**, **Consistência** e **Resolução Criativa de Conflitos**.

Expandindo cada princípio:

1. **Cuidados**:
    - Demonstrar cuidado envolve escuta ativa, empatia pelos sentimentos do seu filho e validação de suas emoções.
    - O cuidado também inclui atender às necessidades físicas do seu filho, oferecer conforto e criar um ambiente seguro e acolhedor.
    - Maneiras práticas de demonstrar cuidado: check-ins diários, rotinas familiares e tempo de qualidade dedicado.

2. **Clareza**:
    - Clareza significa estabelecer expectativas, limites e diretrizes claras para comportamento.
    - Também envolve comunicar-se com seu filho de maneira direta e compreensível.
    - Maneiras práticas de manter a clareza: regras consistentes, instruções claras e discussões abertas sobre valores e expectativas.

3. **Compromisso**:
    - Estar comprometido com o bem-estar do seu filho envolve estar presente para ele consistentemente, demonstrar confiabilidade e cumprir promessas.
    - Trata-se de se dedicar ao crescimento deles e apoiá-los nos desafios.

- Maneiras práticas de demonstrar comprometimento: apoio consistente em suas atividades, estar presente em momentos importantes e reservar um tempo para criar vínculos.

4. **Consistência** :
   - A consistência na criação dos filhos ajuda as crianças a se sentirem seguras e a entender as consequências de suas ações.
   - Trata-se de ser previsível em suas respostas e manter um ambiente estável.
   - Maneiras práticas de manter a consistência: rotinas regulares, disciplina consistente e tradições familiares estáveis.

5. **Resolução criativa de conflitos** :
   - Este princípio envolve ensinar as crianças a lidar com conflitos de forma construtiva e encontrar soluções que funcionem para todos os envolvidos.
   - Inclui promover habilidades de resolução de problemas, empatia e cooperação.
   - Maneiras práticas de praticar a resolução criativa de conflitos: dramatização de cenários de conflito, discussão de sentimentos e soluções e incentivo ao trabalho em equipe e ao comprometimento.

CHAPTER 1

Princípio Fundamental 1: Modelagem de Comportament

Numerosos estudos mostram como as crianças são predispostas a se importar com os outros e agir com gentileza e cooperação desde cedo na vida. Sua disposição compassiva é particularmente moldada pelas maneiras pelas quais os cuidadores respondem e modelam a compaixão em suas vidas cotidianas. Como modelos para seus filhos, a compaixão e a empatia dos pais uns pelos outros, bem como para com seus filhos, estão associadas ao desenvolvimento de atitudes e comportamentos pró-sociais em seus descendentes. Mesmo antes do tempo das influências parentais de agentes humanos, os bebês são expostos a um ambiente acolhedor e acolhedor. Com o tempo, os valores e atitudes dos pais como modelos podem moldar tanto a base moral quanto o comportamento de uma criança.

Elaboração do Princípio Fundamental: Liderar pelo Exemplo

Diferente de ensinar explicitamente as crianças sobre compaixão, o Princípio Fundamental 1 enfatiza o papel fundamental dos pais como um modelo de comportamento compassivo. Nos primeiros anos, uma criança é impressionável e aprende por meio da observação e imitação. Já na infância, a capacidade de se adaptar aos estados mentais e emocionais dos outros está sendo construída por meio do abraço gentil de um cuidador. Os pais são os primeiros e principais professores para mostrar aos pequenos em desenvolvimento como cuidar e ouvir com o coração aberto as diversas emoções e necessidades dos outros. Ao ajudar nossos filhos a formar uma base para a compaixão, eles podem invocá-la em momentos grandes e pequenos, porque geralmente é de momentos de pequenos sacrifícios e inibição do interesse próprio que o crescimento nasce.

Liderando pelo Exemplo

Modelar uma vida compassiva para as crianças envolve liderar pelo exemplo. A maneira como os pais agem e falam com os outros é incrivelmente influente para as crianças. Eles ouvem não apenas as ideias, valores e expectativas sociais que são expressas a eles, mas também aquelas pelas quais os pais e outras figuras de autoridade parecem viver. Quando há uma contradição entre palavras e ações, eles são mais propensos a ouvir e ser influenciados por estas últimas. É por isso que uma das coisas mais poderosas que os pais podem fazer é liderar pelo exemplo, tratando os outros e seus filhos com paciência, gentileza e civilidade. Isso não significa ser um pai perfeito, mas significa ter uma abordagem profundamente considerada à sua criação de filhos e mostrar consistentemente boa fé na promoção de princípios fundamentais.

É em nossas interações momento a momento com nossos filhos que criamos o ambiente emocional e psicológico que os ajuda a aceitar, aprender e, então, viver da maneira que os pais esperam. Aqui estão algumas coisas para manter em mente para demonstrar uma vida compassiva por meio de nossa criação:

1. **Consistência entre palavras e ações** :

- O alinhamento entre o que é dito e o que é feito é essencial. Não se trata apenas de enviar uma mensagem única sobre generosidade ou empatia. Trata-se de construir uma perspectiva nas crianças de que os valores sobre os quais você está falando são os corretos e podem ser usados para navegar pelo mundo.
- Se você disser que ser atencioso é importante e mostrar isso a outras pessoas, as crianças estarão muito mais propensas a pensar que outras pessoas também se importam com esse valor e o verão como algo razoável para orientar seu comportamento.

2. **Modelando Ações Diárias** :
   - Ações realizadas de forma consistente ao longo do tempo são uma ótima maneira para os pais fornecerem um modelo do que é ser um bom adulto.
   - Simples atos de gentileza, paciência e empatia nas interações cotidianas podem deixar um impacto duradouro nas crianças.

3. **Criando um ambiente de apoio** :
   - Um ambiente de apoio emocional e psicológico ajuda as crianças a se sentirem seguras e compreendidas, facilitando a adoção de comportamentos compassivos.
   - Incentivar a comunicação aberta, validar os sentimentos e demonstrar amor incondicional são componentes essenciais.

Ao liderar pelo exemplo, os pais fazem muito do seu melhor trabalho parental. A demonstração consistente de comportamento compassivo não apenas ensina às crianças habilidades valiosas para a vida, mas também ajuda a criar uma geração futura compassiva e empática.

CHAPTER 2

Princípio Fundamental 2: Ensinar Empatia e Perspec

Ensinar empatia e perspectiva é o segundo princípio dos cinco princípios básicos da criação de crianças compassivas. A empatia é possível quando as crianças têm uma ideia clara do que são emoções e são capazes de reconhecê-las nos outros. Ao discutir emoções abertamente, mostramos que elas são importantes e podem ser melhor compreendidas. Uma vez que as crianças são capazes de reconhecê-las em si mesmas, elas podem reconhecer emoções nos outros. Podemos encorajar a empatia discutindo e explicando como outras pessoas podem se sentir em uma determinada situação. Também podemos discutir como os outros podem interpretar uma determinada situação em contraste com a forma como nós mesmos a vemos. Uma vez que as crianças têm uma forte compreensão da perspectiva, elas também podem aprender a ser sensíveis ao se expressar, sabendo que o que elas podem precisar expressar pode ferir os sentimentos de alguém. Por fim, podemos ensinar nossos filhos que eles podem mostrar cuidado e preocupação com os outros para fazer as pessoas ao seu redor se sentirem melhor. Se encorajarmos continuamente expressões de cuidado, elas acabarão se tornando um hábito.

A tomada de perspectiva é importante para se tornar a primeira base de uma criança em sua jornada para a compaixão. Se as crianças podem desenvolver um forte senso de compreensão da perspectiva de outra pessoa, elas podem estar bem encaminhadas para desenvolver um senso ativo de preocupação e interesse em melhorar as experiências daqueles ao seu redor. O cerne da empatia inclui uma compreensão das emoções e a capacidade de assumir a perspectiva de outra pessoa. Enquanto a simpatia é meramente o sentimento de uma emoção, a empatia é o alinhamento da preocupação em tornar as coisas melhores.

Elaboração do Princípio Fundamental: Ensinar Empatia e Perspectiva

A era da reflexão em direção ao individualismo convencional produziu um estigma contra o uso da palavra empatia. Seu uso sinônimo com a palavra "simpatia" e as conotações associadas a ela têm sido tão negativas em nosso vocabulário atual que o uso comum da palavra empatia como uma forma de mediação foi esquecido. Empatia e compaixão não são programas profundamente biológicos, mas envolvem múltiplos processos que falham em se comunicar de forma simples e elegante entre si.

Desenvolvendo a inteligência emocional

Inteligência Emocional: Empatia e Perspectiva

Um componente importante da criação de um clima compassivo é ensinar inteligência emocional. A inteligência emocional abrange as habilidades de empatia, resolução pacífica de conflitos e resolução de problemas interpessoais. A parte mais essencial da inteligência emocional é a empatia. A empatia inclui ter as habilidades de tomada de perspectiva descritas acima. Com essa habilidade, somos capazes de ver do ponto de vista de outra pessoa. Pensamos sobre seus sentimentos e experiências, bem como sobre os nossos.

A empatia cresce à medida que nos tornamos mais alfabetizados emocionalmente. Quando podemos rotular o que nós ou outra pessoa está sentindo, temos um novo nível de controle. Esse nível de controle, por sua vez, avança nossa capacidade de ser empático ou compassivo. Para aumentar as ações compassivas nas crianças, os pais precisam ajudá-las a construir um vocabulário variado em palavras de sentimento, reconhecer seus próprios sentimentos e os dos outros com essas palavras e aprender a lidar e resolver problemas ou introduzir comportamentos alternativos que resultem em ações compassivas.

A inteligência emocional é fundamental para os pais entenderem enquanto tentamos ensinar empatia aos nossos filhos. Tanto a inteligência emocional quanto a empatia são expressões conscientemente escolhidas do nosso amor. Um número crescente de recursos, cursos e estudos estão disponíveis em exercícios de alfabetização emocional em universidades e escolas locais. Os periódicos acadêmicos contêm muitos estudos mostrando uma correlação direta entre inteligência emocional e sucesso educacional e sucesso geral na força de trabalho. Muitos acham que, como adultos, se eles se tornassem mais desenvolvidos nessa área, as vidas de seus filhos se beneficiariam igualmente.

Embora algumas crianças nasçam mais empáticas do que outras, há uma variedade de técnicas e exercícios de nutrição que podem ajudar a promover a natureza compassiva das crianças. É possível que as crianças muitas vezes sintam o que os outros sentem porque podem facilmente imitar os tons vocais e as expressões faciais dos outros para construir ou diminuir a empatia. Mesmo quando as crianças nascem com algumas dessas tendências para a empatia, essa característica precisa ser nutrida para se tornar mais forte. Os pais precisam ser diretos na aceleração do desenvolvimento de seus filhos nessa área. Ajudar as crianças a desenvolver um senso de empatia e sensibilidade pode ser mais importante do que quaisquer habilidades que possam ser ensinadas.

CHAPTER 3

Princípio Fundamental 3: Incentivar Atos de Gentil

Incentivar atos de gentileza e serviço é o terceiro princípio dos cinco princípios básicos da criação de crianças compassivas. Podemos fazer um trabalho melhor na criação de crianças compassivas. Uma suposição generalizada tem sido que a empatia está presente ou ausente, enquanto a pesquisa mais recente sugere que ela é mais como um músculo que, quando exercitado, cresce. Uma vez que os pais entendam a importância de nutrir a empatia em seus filhos, sua suposição é que a compaixão e o desejo de servir seguirão naturalmente.

O princípio do serviço se aplica a todas as idades e habilidades. O serviço pode ser visto operando como uma poderosa ferramenta de ensino para responsabilidade social dentro das salas de aula, na crença de que agir como uma pessoa compassiva levará as crianças a se tornarem pessoas gentis. Este valor de serviço, juntamente com todos os outros cinco princípios básicos, orienta o programa "Linguagem da Compaixão" desenvolvido nas escolas públicas de Tacoma. "Acreditamos que, em última análise, querer aliviar o sofrimento dos outros, ajudando-os a se levantar de seu lugar de tristeza, leva a atos de gentileza." Educadores do Search Institute, seguindo um caminho diferente, vinculam cada valor moral fundamental a uma habilidade e a oportunidades de instrução. Por exemplo, o valor da compaixão é visto como mostrar preocupação pelos outros, falar sobre como é ser deixado de fora e praticar ajudar aqueles que são intimidados. De acordo com o Instituto, verdadeiramente "crianças atenciosas" (aquelas que demonstram compaixão) também são motivadas a se tornarem cidadãos responsáveis.

Altruísmo — o desejo altruísta de ajudar os outros — é uma construção diferente da compaixão. Normativamente, o altruísmo seria mais semelhante à ideia de serviço, onde a compaixão estaria no mesmo nível de outras ideias e atitudes. Dessa forma, o altruísmo se encaixa na moral e nos valores do lado esquerdo do esquema de Wilson, enquanto a compaixão está aninhada no meio, dentro do que Wilson chama de "virtude". O altruísmo inclui coletar ursinhos de pelúcia para crianças em um país devastado pela guerra ou doar dinheiro para refeições. O cuidado consiste em ideias relacionadas à gentileza, como sentir preocupação por aqueles que são maltratados ou que estão doentes.

Elaboração do princípio fundamental: Incentivar atos de gentileza e serviço

Ensinar empatia por si só não é suficiente. Devemos encorajar ativamente nossos filhos a realizar atos de gentileza e serviço. Isso os encoraja a praticar a empatia de maneiras tangíveis e a ver o impacto direto que suas ações podem ter sobre os outros. Ao incorporar essas atividades em suas vidas, ajudamos a promover um senso de responsabilidade social e a construir um caráter compassivo.

Voluntariado em família

O voluntariado em família é uma maneira poderosa de mostrar que nos importamos com os outros e estamos em contato com o lado mais profundo e compassivo da vida. Quando as crianças se voluntariam, elas se sentem valiosas e competentes. Elas fazem parte de uma comunidade, conhecem pessoas de várias origens, compartilham experiências e se identificam com aqueles que têm menos, tudo isso enquanto compartilham o calor e a compaixão dos adultos carinhosos em suas vidas.

Aqui estão algumas atividades de voluntariado para toda a família a serem consideradas:

- **Prepare e entregue um sanduíche de peru para um morador de rua** : Explique a importância da caridade e de ajudar os outros.
- **Verifique o jornal local para oportunidades de voluntariado para famílias** : procure atividades nas quais as crianças possam se envolver, como aulas de leitura, treinamento esportivo ou arrecadação de fundos para uma causa local.
- **Participe de campanhas de caridade** : colete itens como ursinhos de pelúcia para crianças necessitadas ou doações para bancos de alimentos locais.

Antes de iniciar atividades familiares, verifique com agências locais oportunidades de voluntariado adequadas à idade. Algumas organizações podem ter restrições de idade para garantir a segurança e gerenciar a superestimulação emocional de crianças mais novas.

Ao modelar a ética da caridade e convidar as crianças a participarem no seu nível, os pais podem incutir um sentimento duradouro de compaixão e serviço nos seus filhos.

CHAPTER 4

Princípio Fundamental 4: Promover um Ambiente Posi

Criar um ambiente acolhedor é essencial para promover o desenvolvimento, a sustentação e a generalização de comportamentos pró-sociais em membros da família. É difícil compartilhar e se importar quando bombardeado por negatividade. Ambientes que transmitem empatia, respeito e inclusão apoiam o desenvolvimento de cordialidade em membros da família. Quando as crianças se sentem respeitadas, aceitas e ouvidas, elas têm mais probabilidade de estender a mesma atenção positiva aos outros.

Nossa definição formal de criar um mundo de gentileza começa em nossa casa. Um artigo de pesquisa concluído por David Hamilton (um bolsista de pós-doutorado no laboratório central da Northeastern) que apareceu na Scientific American em 2018 identificou que a empatia, a compaixão e o bem-estar geral dos membros da família podem ser impactados positivamente por meio de uma mudança na dinâmica na maioria dos lares. Essas dinâmicas incluíam inclusão e espaço de compartilhamento emocional dentro do lar. Especificamente para nutrir amor e gentileza nas crianças, Hamilton argumentou que "para criar filhos mais compassivos e atenciosos, os pais podem precisar reavaliar e reconfigurar algumas das maneiras como estão abordando a criação dos filhos". Com suas qualidades empáticas e criativas, escolhendo seguir o espírito do argumento de Hamilton, nossa equipe desenvolveu 5 Princípios Fundamentais da Criação dos Filhos. A tabela abaixo descreverá esses 5 Princípios Fundamentais. O foco de hoje é o Princípio Fundamental nº 4.

PRINCÍPIOS FUNDAMENTAIS DA CRIAÇÃO DE FILHOS:

- Princípio nº 1: Tornar-se adultos compassivos é a coisa mais importante que nossos filhos farão!
- Princípio nº 2: Liderar pelo exemplo diz muito aos nossos filhos - as palavras fazem a música, a melodia inerente é a empatia de outra pessoa.
- Princípio nº 3: Criar um mundo de gentileza começa em casa!
- Princípio nº 4: Nutrir a compaixão é nossa responsabilidade!
- Princípio nº 5: Incentivar a compaixão em nossos filhos nem sempre é óbvio, então procure momentos de aprendizado.

Criando uma cultura de aceitação

Abrace a individualidade do seu filho celebrando suas qualidades e diferenças únicas. Isso pode incluir diferenças em QI e sucesso acadêmico se seu filho não se encaixa no molde acadêmico tradicional, diferenças físicas e muito mais. Os pais geralmente colocam os filhos uns contra os outros elogiando um filho, geralmente o mais atlético ou bem-sucedido academicamente, e usando esse elogio como uma medida contra irmãos e colegas.

Promova a compreensão e a compaixão pelos outros no círculo social do seu filho, modelando e ensinando o respeito pelas diferenças que os outros possam ter. É importante criar uma cultura doméstica e familiar que se concentre nas diferenças e na diversidade como uma força, porque isso também incentiva a apreciação de si mesmo. Incentive seu filho a identificar uma coisa única sobre si mesmo que ele traz para seu grupo de amigos. A infância e a adolescência são uma época em que a aceitação e o pertencimento dentro de grupos sociais são frequentemente primordiais. Ajude seu filho a ver o valor das diferenças individuais entre os membros de qualquer grupo ao qual ele possa pertencer.

Crie discussões familiares ou faça perguntas diretas sobre colegas de classe ou de equipe que podem ter diferenças de aprendizagem, intelectuais ou físicas que fazem com que os outros provoquem. Pergunte como esses eventos são percebidos por colegas de classe e alunos afetados em sua escola ou clube e o que eles poderiam fazer para mudar a cultura. Ofereça informações factuais ao seu filho sobre deficiências e ensine a ele que as pessoas também têm diferenças internas que devem ser acomodadas de alguma forma.

CHAPTER 5

Princípio Fundamental 5: Estabelecer Limites e Dis

Estabelecer limites e disciplina amorosa e consistente é o quinto princípio dos cinco princípios básicos da criação de crianças compassivas. Dos bebês mais pequenos aos adolescentes mais desordeiros, as crianças precisam de limites — para seu próprio desenvolvimento moral e social. Sem limites claros, orientação e consequências apropriadas para escolhas ruins, as crianças terão muita dificuldade em aprender o certo do errado. Elas não se sentirão responsáveis por suas ações, não desenvolverão empatia pelos outros e não serão capazes de superar a adversidade.

No entanto, muita disciplina também não é o ideal. Disciplina exagerada ou simplesmente injusta pode prejudicar as crianças emocionalmente e transformá-las em valentões ou alvos frequentes de bullying no pátio da escola. O uso de força física ou a demonização de crianças pode aumentar a probabilidade de delinquência ou até mesmo comportamento criminoso.

A melhor disciplina é firme, mas justa, e clara em seus limites. As crianças devem saber o que esperar se quebrarem as regras. Deixe-as saber por que essas regras estão em vigor — porque você as ama e quer que elas estejam seguras e cresçam para serem membros responsáveis e atenciosos da sociedade. Especialistas em cuidados infantis recomendam discutir e concordar com regras e consequências apropriadas com seus filhos, ajustando-as à medida que eles crescem e conseguem administrar mais responsabilidades.

Equilibrando firmeza com compreensão

Boa parentalidade, de acordo com a Dra. Darcia Narvaez, psicóloga da Universidade de Notre Dame, não é sobre "controlar as crianças para que elas possam ser organizadas e parecerem bem-sucedidas". Em vez disso, como ela escreve na *Psychology Today*, o objetivo é motivá-las e orientá-las de maneiras que estimulem bons impulsos internos para funcionar bem harmoniosamente. Uma grande parte de alcançar isso é equilibrar firmeza com compreensão. Os pais precisam de regras e devem ser pais e não amigos, mas filhos/ netos aprendem com a experiência. Ao ajudar as crianças a aprender a fazer boas escolhas por meio de firmeza gentil, elas podem aprender a ser compassivas consigo mesmas e com os outros, e estar mais aptas para a vida em comunidade e a autorrealização.

A Dra. Narvaez e sua equipe elaboraram "Os 5 Princípios Fundamentais da Paternidade" para promover crianças compassivas, que se baseiam em tais entendimentos da natureza humana.

Uma linha tênue a trilhar na criação de filhos é estabelecer limites e disciplina, sendo compassivo, diz Vivian Diller, Ph.D., psicóloga em consultório particular na cidade de Nova York, onde trabalha com famílias. "A melhor maneira de fazer isso é por meio da disciplina", que fornece às crianças diretrizes ou regulamentos, ela diz. "Ao estabelecer limites, ensinamos a elas valores, empatia, pensar antes de agir, consequências", ela diz, "tudo isso está incluído na compaixão. Também ensinamos autocontrole, que é necessário para conter a raiva e sintonizar com os sentimentos dos outros. Em outras palavras, a própria vontade e habilidades cognitivas necessárias para ser compassivo são as próprias habilidades e intenções aprendidas quando são dados limites e, eventualmente, aprendendo com seus próprios erros e sucessos." Os pais devem desenvolver um bom julgamento sobre limites, ela acrescenta. Um pai deve se perguntar se uma regra é razoável e se está sendo aplicada de forma razoável.

CHAPTER 6

O papel da comunicação na parentalidade compassiva

Comunicação: É como dizemos às pessoas ao nosso redor que as amamos e as entendemos. Ajudar as crianças a desenvolver habilidades de comunicação eficazes as beneficia além de saber como articular efetivamente seus pensamentos e sentimentos. Ensina-as a ouvir ativamente as ideias e emoções dos outros, ter empatia por eles e falar por aqueles cujas vozes são muito pequenas para serem ouvidas. Esta é a chave para a colaboração compassiva que vai além de alavancar poder e medo para ganhar seguidores e fazer com que os corações sejam abertos.

Em um mundo onde a compaixão é frequentemente considerada uma fraqueza, não podemos levar as crianças a encontrar a força que vem de demonstrá-la sem entender os princípios básicos do diálogo ético, nem podemos esperar que ele seja iniciado sem imitá-lo. Você quer criar crianças que se sintam no direito de respeitar os outros, que queiram falar com as pessoas quando elas estão sofrendo e tratá-las com gentileza. Mary Gordon, fundadora da Roots of Empathy, diz aos pais: "A menos que seus filhos sejam bons comunicadores, é muito difícil fazer isso". De acordo com a consultora psicoeducacional Michele Borba, "crianças gentis, atenciosas e empáticas também são boas comunicadoras". Por outro lado, ela diz: "Se seu filho não consegue se comunicar ou ouvir as opiniões de outra pessoa, como ele poderia comunicar compaixão ou ouvir alguém em necessidade?" Um forte princípio fundamental da comunicação compassiva é que os pais ou educadores acreditam que a criança tem a capacidade de desenvolver tal nível de competência, eticamente.

Escuta Ativa e Diálogo Aberto
Os pais podem promover a compaixão nas crianças ao proporcionar um diálogo aberto e ouvir ativamente seus problemas e comentários. A escuta ativa envolve ouvir e realmente entender o que a outra pessoa diz. Isso também significa que não devemos julgar o que foi dito até que tenhamos uma compreensão firme do que a outra pessoa está tentando comunicar. Ao ouvir, lembre-se de que ouvir inclui comunicação aberta e não verbal. Às vezes, captamos emoções pela maneira como uma pessoa se curva ou se afasta quando falamos. A escuta ativa também envolve responder. Depois de ouvir o que uma pessoa diz, geralmente é aconselhável afirmar o que foi dito antes de expressar opiniões ou chegar a entendimentos mútuos.

A escuta não verbal com crianças envolve fazer contato visual, ouvir o que a criança está dizendo e reconhecer a contribuição da criança. Também se trata de dar tempo para a criança dizer o que pensa. Essa forma de escuta pode abrir um espaço para que a confiança se desenvolva entre os pais e a criança e ajudar as crianças a desenvolver um senso de empatia quando o ouvinte é um ouvinte empático ou sensível. Com a comunicação verbal ou não verbal, as crianças (assim como os adultos) podem sentir quando os outros expressam seus sentimentos e refleti-los de volta naquele momento por meio de seus gestos não verbais.

A escuta ativa é uma boa ferramenta para falar com as crianças, além de ser uma ótima maneira de construir uma melhor comunicação com elas. Você não só oferece ao seu filho uma chance de falar sobre o que está em sua mente, mas também ajudará você a identificar quaisquer problemas que possam precisar ser abordados. Diz às crianças que elas são importantes. As crianças aprendem melhor fazendo, e comunicar-se ativamente com elas fornece um bom modelo para a criação dos filhos. A reação dos pais à comunicação de uma criança (seja ela positiva ou negativa) ilustrará à criança como ela deve se comportar quando quiser se comunicar com outras pessoas no futuro.

CHAPTER 7

Cultivando resiliência e autocompaixão em crianças

Duas construções importantes benéficas para o bem-estar mental e emocional são resiliência e autocompaixão. Resiliência é a capacidade de se recuperar após ser derrubado, superar adversidades ou desafios e desenvolver coragem ou uma mentalidade de crescimento. Ela representa a coragem e a força para tolerar e superar o desconforto de uma situação. Em crianças, a resiliência tem uma relação muito próxima com a capacidade de resolução de problemas.

Evidências crescentes sugerem que a autocompaixão, descrita como gentileza voltada para dentro, à medida que damos a nós mesmos as mesmas respostas atenciosas que oferecemos aos amigos, está relacionada à competência social geral, ajuste geral e menos sintomas de ansiedade e depressão. Ajuda tanto a reconhecer o desconforto quanto a se encorajar a enfrentar a situação. Cultivar resiliência e autocompaixão em crianças é, de fato, uma combinação perfeita para o princípio da criação parental com compaixão. Surge a questão de como podemos cultivar essas duas características nas crianças. Os pais são os principais agentes de socialização e podem influenciar muito o desenvolvimento dessas duas virtudes importantes. Aqui estão algumas maneiras pelas quais os pais podem trabalhar essas capacidades nas crianças:

1. **Promova uma mentalidade de crescimento** : ensine que obstáculos são oportunidades para crescer e se desenvolver, não ameaças.
2. **Deixe-os resolver os problemas** : em vez de resolver os problemas para eles, deixe-os sentir o fracasso no início e depois ajude-os a encontrar as soluções por si mesmos.
3. **Modelo de autocompaixão** : demonstre uma atitude autocompassiva em relação a si mesmo ao enfrentar inadequações pessoais.
4. **Encoraje a Identificação de Forças** : Encoraje as crianças a identificarem suas forças. Estar ciente e ter confiança em suas habilidades ajuda a gerar uma resposta resiliente, o que reduzirá sentimentos de desamparo.
5. **Modele uma abordagem de resolução de problemas com mentalidade de crescimento** : demonstre como abordar problemas com uma mentalidade de crescimento.
6. **Cultive a autocompaixão** : incentive as crianças a serem suas melhores amigas.

Construindo uma mentalidade de crescimento

As crianças são constantemente bombardeadas com mensagens sobre ser o melhor — tirar boas notas ou se destacar em atividades. Psiquiatras e psicólogos infantis alertam sobre o fardo da saúde mental de tentar ser perfeito. Criar filhos para ter uma mentalidade de crescimento tem o potencial de ser um dos maiores presentes que um pai pode oferecer.

A Dra. Kristin Neff, uma pesquisadora líder em autocompaixão, examinou como as pessoas perseverariam ou desistiriam de um anagrama insolúvel. O que ela descobriu é que as pessoas que tinham uma mentalidade fixa e faziam atribuições internas se culpavam por não conseguirem resolver o quebra-cabeça. Aqueles com uma mentalidade de crescimento, ou uma crença de que fariam melhor da próxima vez, se esforçaram mais e foram resilientes diante dos contratempos.

Entusiastas da mentalidade de crescimento, como Carol S. Dweck, pesquisadora da Universidade de Stanford, identificaram que crianças com uma mentalidade "fixa" acreditavam que sua inteligência era apenas uma característica fixa em que tinham pouco controle sobre os resultados. Essas crianças podem frequentemente sentir que têm algo a provar. Mas crianças com uma mentalidade de crescimento, em contraste, percebem talentos e habilidades como pontos de partida. Elas acreditam que por meio de dedicação, trabalho duro e esforço, podem atingir seu potencial máximo. Dweck entende que, essencialmente, o poder do "ainda" e o reconhecimento das lutas atuais (que levam a uma mentalidade de crescimento) é um ato de autocompaixão.

Cultivar uma mentalidade de crescimento em adultos é algo lindo e poderoso, então por que não começar na infância? Ensiná-los os diferentes significados de fracasso, preparação, possibilidade, oportunidade e decepções os ajudará a desenvolver resiliência e autocompaixão.

CHAPTER 8

Enfrentando desafios e obstáculos na criação de fi

Assim como a paz não é meramente a ausência de guerra, a compaixão não é simplesmente a ausência de crueldade ou sofrimento. Quando enfrentamos desafios, como todos nós vivenciamos de tempos em tempos, a compaixão também envolve compreensão respeitosa, gentileza e até mesmo calor genuíno. Ela nos permite respeitar o "instinto de felicidade" de outra pessoa, como o Dalai Lama descreve - algo que compartilhamos desde o momento em que nascemos. Este é um ponto muito importante a ser considerado na criação de nossos filhos. Quando abordamos os problemas que nossos filhos têm com os outros - de provocações leves a bullying mais extremo - é muito fácil entrar em guerra com seus filhos e ver a compaixão pelos outros como nada mais do que rendição. No entanto, isso está longe de ser o caso. A verdadeira compaixão envolve empatia com seu filho, mas também compreensão respeitosa do que pode estar fazendo com que os outros ajam com crueldade. Você tem que ter cuidado para falar sobre as razões por trás de ações cruéis de outras pessoas de uma forma que não faça seu filho se sentir responsável pela maneira como está sendo tratado. Em vez disso, você está dando a ele uma visão muito mais equilibrada do que pode realmente estar acontecendo.

Por que a terapia é tão atraente - especialmente para crianças? A resposta é simples: ansiamos por ser ouvidos e respeitados. Ansiamos por empatia. Toda vez que você sentir seus próprios instintos compassivos ficando em segundo plano, imagine que você é uma criança de cinco anos sendo tratada injustamente por um amigo que traiu sua confiança ou uma menina de doze anos na oitava série tentando desesperadamente combinar seu corpo único, em constante mudança e esbelto com as imagens impossíveis e estáticas de beleza que a bombardeiam dia após dia. Muitas vezes é exatamente isso que nossos filhos precisam que façamos: andar em seus sapatos ou, melhor ainda, apenas ouvir suas experiências, sem tentar "consertar" ou resolver nada. Reservar um tempo para ouvir sem julgamento essas preocupações cria um espaço seguro para as crianças se tornarem mais resilientes. Se seu filho não se sentir ouvido, ele terá dificuldade em estar aberto ao que você tem a dizer.

Lidando com o bullying e a pressão dos colegas

Hoje, o bullying não se limita à agressão física. Ele pode ser transmitido pela internet e perpetuado por meio de exclusão, disseminação de boatos e cyberbullying. Uma em cada quatro crianças relata ter sido vítima de tais ataques. Todo pai responsável fica justificadamente alarmado com tal perspectiva. Mas nosso impulso natural de proteger pode ir longe demais, pois imaginamos casos de ridículo ou agressão que nossos filhos podem enfrentar. Podemos catastrofizar, nos tornando superprotetores e minando a resiliência de nossos filhos.

Os pais muitas vezes se preocupam sobre como prevenir o bullying, mas podem não pensar em como ajudar as crianças a processá-lo e seguir em frente depois do fato. O quanto as amizades do seu filho significam para a felicidade dele? Como ele se sente quando vê outra pessoa sendo intimidada, provocada ou deixada de lado? Há uma ação de habilidade que sustenta todas as outras ações que seu filho pode escolher a partir dessas conexões, e essa é a ação da empatia - colocar-se no lugar de outra pessoa. Deixar a empatia do seu filho guiar suas ações ajudará muito a fazer escolhas gentis e compassivas. Comunicar valores claros, como a importância da comunidade, generosidade, resistir à exclusão, etc., é importante. É bom lembrar seu filho em momentos tensos de um valor específico (e muitas vezes eficaz também: "O que você faria se alguém empurrasse seu amigo?").

CHAPTER 9

Celebrando a diversidade e promovendo a inclusão

n

Como pais, precisamos começar a falar e expor nossos filhos a todos os tons de significado, emoção e percepção que compõem nossa vastamente diversa experiência humana. Sejam as histórias e tradições de pessoas de diferentes origens religiosas, ou educação sobre as vidas de pessoas de diferentes raças, gêneros ou orientações sexuais, abraçar a diversidade e a inclusão nos desloca diretamente para criar crianças que podem defender a si mesmas e que buscarão incluir outras. Aqui estão cinco maneiras pelas quais os pais podem trabalhar nesses princípios:

1. **Modelo Ser um Bom Vizinho :**
    - ◦ Conheça pessoas que são diferentes de você e pergunte a elas sobre suas experiências. Descubra sobre diferentes tradições e celebrações que acontecem na sua comunidade local.
    - ◦ Compartilhe suas histórias e herança familiar com seus filhos. Visite lugares cultural e etnicamente diversos.

- Em festivais ou eventos especiais, você pode aprender e apreciar diferentes comidas, jogos, arte, danças e músicas.
- Você também descobrirá coisas interessantes sobre pessoas, famílias e tradições em sua comunidade.

2. **Desenvolver os 3 D's - Diálogo, Diferença, Dignidade** :
   - Acredite que cada criança nascida neste mundo, assim como cada adulto, é um ser humano valioso com potencial para dar e fazer uma contribuição significativa para sua comunidade.
   - Para criar filhos que prosperem e façam uma diferença positiva no mundo, eles precisam de exposição substancial à diferença e da oportunidade de desenvolver uma compreensão respeitosa e complexa de si mesmos e dos outros.

3. **Descubra quem são seus vizinhos** :
   - Ajude seus filhos a aceitar o mundo em toda a sua diversidade e dê a eles oportunidades autênticas de conhecer pessoas de diferentes culturas.

Explorando diferentes culturas e tradições

Não precisamos olhar além dos eventos tumultuados de 2021 para ver que nossa sociedade continua repleta de divisões profundas, algumas das quais levaram a considerável hostilidade e agitação. Naturalmente, isso representa um desafio interessante para os pais que se esforçam para criar filhos compreensivos e compassivos. Preparar seus filhos para navegar em um mundo pluralista começa reforçando a inclusão em uma idade jovem dentro da unidade familiar. Os princípios discutidos nesta seção visam expor seus filhos a uma gama diversificada de experiências culturais. O resultado é que as crianças ganharão insights sobre as vidas, visões e costumes dos outros — um primeiro passo para desenvolver empatia e compaixão por indivíduos de todo o mundo.

Uma das maneiras mais eficazes de ensinar seus filhos a serem indivíduos empáticos é mostrar por meio de suas ações que você estima um grupo diverso de pessoas e gosta de interagir com elas. Não deixe de apreciar pessoas que são diferentes de você e não tente esconder isso de seus filhos. Na verdade, quando você admira alguém por sua maneira diferente de ver o mundo, diga a eles que você o faz. Se seu elogio for alto o suficiente, a criança frequentemente se envolverá em uma conversa com a pessoa sobre sua cultura ou tradição. Esta é uma maneira simples e fácil de preencher a lacuna entre as diferentes culturas encontradas em suas várias comunidades.

Além disso, tornar seus filhos mais conscientes do que está acontecendo ao redor do mundo assistindo às notícias, lendo jornais ou blogs da internet pode ajudar a construir seu filho como um cidadão global. Estar mais familiarizado com o que está acontecendo no mundo pode fazer com que seu filho se torne mais consciente dos problemas que seus colegas em outros países estão enfrentando.

CHAPTER 10

A importância do autocuidado para os pais na criaç

O autocuidado é essencial para pais que buscam criar filhos compassivos. Quanto mais você se importa com seu próprio bem-estar, melhor você pode cuidar do bem-estar do seu filho. Seu comportamento calmo agirá como um sinal calmante para seu filho. Priorizar como você é percebido como pai em vez dos sentimentos e necessidades reais do seu filho prejudicará sua capacidade de ajudar seu filho a se conectar e ser compassivo com os outros.

Priorizando o bem-estar mental e físico

Como um pai dedicado, você quer o melhor para seus filhos. Em uma era de imensa mudança cultural e social, pode ser difícil orientar as crianças nas direções que mais as beneficiarão e seu sucesso na vida. Apesar de todas essas mudanças, os objetivos duplos de criar filhos atenciosos e promover seu bem-estar social, emocional e moral permaneceram em grande parte constantes ao longo das gerações. Felizmente, pesquisas sugerem que os pais podem afetar mudanças positivas, aumentando os direitos de nascença das crianças para cumprir seu potencial como indivíduos compassivos e atenciosos. Para ser o mais eficaz possível, uma pré-condição fundamental da parentalidade compassiva é que os pais priorizem seu próprio bem-estar mental e físico.

Seu bem-estar mental e físico é o precursor da sua capacidade de promover pontos fortes e se tornar um modelo de compaixão na vida do seu filho. Quando você está bem, você incorpora um modelo de bem-estar mental que pode comunicar preocupação compassiva e empática. Dessa forma, abordagens biblioterapêuticas e psicoeducacionais ensinam os pais a se autocuidar para que possam agir de forma eficaz e compassiva. Ao aumentar intencionalmente seus próprios níveis de bem-estar, os pais podem ajudar a moldar o futuro social, emocional e até financeiro saudável de seus filhos.

Concentrar-se em sua própria saúde mental e física quando seus filhos estão lutando e sofrendo pode parecer quase impossível, mas a compaixão não é um recurso esgotável. Pesquisas sugerem que pais que seguem práticas de cuidado compassivo diminuem o risco de recaída e experimentam menos sintomas depressivos e ansiosos, mesmo na fase aguda de um episódio de depressão grave. Estudos indicam que quando os pais praticam intervenções baseadas em força e intencionalmente escolhem aumentar seu próprio bem-estar, eles se beneficiam de muitas maneiras e, como resultado, seus filhos parecem se beneficiar também. No final, crianças criadas por pais treinados em compaixão tornam-se abertas a aprender maneiras compassivas de ser.

Conclusão: Abraçando a Jornada da Parentalidade Co

Para Shannon Hough, a prática da parentalidade compassiva não pode ser destilada em apenas uma coisa ou qualidade. Nas muitas decisões, interações, atitudes e habilidades inter-relacionadas que ela transmite, a parentalidade em si se torna um exercício criativo sobre como a compaixão pode parecer. Isso gira em torno de incutir valores e buscar oportunidades para crescer mais gentil e próximo, tornando a beleza, o amor e a diversão. De muitas maneiras, às vezes redundantes, os cinco princípios básicos da parentalidade compassiva são destacados, favorecendo um foco holístico em vez de atomístico. De fato, incutir valores é um trabalho que nunca está completamente concluído; para o pai que o escolhe, a compaixão é um projeto para toda a vida.

A prática de orientar e nutrir que se desdobra na criação compassiva é o assunto deste ensaio, traçando princípios essenciais por meio das obrigações e atitudes que ela implica para os pais. Tal estilo de criação transforma o próprio processo de criação dos filhos em um compromisso com a criação compassiva de grandes humanos. Ao olhar para a cocriação de uma vida compartilhada e trabalhar para cultivar valores, a história da criação e, mais amplamente, o objetivo paciente e gentil de transformar os participantes em pessoas novas e melhores é retratado. A criação relacional e atenta e compassiva permite poucas generalizações sobre o que seu filho precisa em sua interação com ele por uma razão: que todas as pessoas (mesmo as pequenas) são únicas, e o que elas exigem para crescerem em modelos de beleza genuína não pode ser codificado em instruções passo a passo.

Abraçar a jornada da parentalidade compassiva é entender que é um processo contínuo e evolutivo. É estar aberto para aprender, crescer e se adaptar enquanto você e seu filho navegam pela vida juntos. Cada interação e decisão que você toma estabelece a base para um futuro compassivo, não apenas para seu filho, mas para o mundo que ele ajudará a moldar.

www.ingramcontent.com/pod-product-compliance
Lightning Source LLC
LaVergne TN
LVHW092101060526
838201LV00047B/1514